# PRE-CXC SPANISH
# PRACTICE PAPERS
## GRADES 7 - 9

*E-J. Bell*
with
*G. Lamb-Dixon*
*S. Williams*
*I. Martínez*

LMH Publishing Limited

ACKNOWLEDGEMENTS

The authors would like to thank Mr. Errol Haughton for his help with proof-reading. Thanks also to Marcel Bell for his help with the first sketches of the illustrations.

*Editorial and Production: Julia Tan (Singapore)*
*Book Design and Layout: Julia Tan (Singapore)*
*Typesetting: Michelle Mitchell (Jamaica)*

Published by
LMH Publishing Ltd.
7 Norman Road,
Kingston 10,
LOJ Industrial Complex
Kingston, C.S.O.
Telephone: (876) 938-0005; 938-0712
Fax: (876) 759-8752
Email: lmhbookpublishing@cwjamaica.com

**Printed and bound in Jamaica**

ISBN # 976-610-178-7

# CONTENTS

# *PREFACE*

**Pre-CXC Spanish Practice Papers** is specifically written to meet the demand for multiple-choice testing at the Pre-CXC Levels. They were prepared to fill the need of teachers who teach students in Grade 7, Grade 8 and Grade 9.

The book is in two parts: **Part One** comprises Section 1, Reading Passages, and Section 2, Oral Responses to Situations, as found in Paper 3 of the CXC Examination.

**Part Two** is similar to Paper 1 of the CXC Examination. It comprises two sections: Listening Comprehension and Reading Comprehension (Multiple-choice).

These practice papers have been classroom tested over the years, by the authors who are eager to share their invaluable experiences with other Spanish language teachers. They feel that students definitely benefit if they are exposed to the kinds of questions that they will eventually encounter in the actual CXC Spanish Examination, from the early stages of foreign language learning.

The material in this book is similar to that of most standard Spanish textbooks, particularly the ¡Viva! textbooks, 1, 2 and 3. This book thus provides the groundwork in Spanish practice that will enable students to achieve excellent grades at the CXC Level.

# CRITIQUE

¡Ándale! At long last a text designed primarily for students studying Spanish from Grades 7-9. The material covered is relevant to each grade and provides the essential foundation for similar excercises at the CXC level.

Each grade has material designed to test and reinforce listening skills, comprehension skills, cultural awareness, grammatical structures etc.

A text such as this one will undoubtedly help teachers to source material needed to face the demands of teaching Spanish from Grades 7-9.

The students who use this book will be able to be quite advanced in their preparations for CXC in Grades 10 and 11.

¡Ábrase camino al exito!

**Errol R. Haughton**
**Former President - National Spanish Teachers' Association**
**Jamaica**

# PART ONE

## SECTION 1

*Reading Passages*

# GRADE 7

*Unit 1*
*Unit 2*
*Unit 3*
*Unit 4*

# UNIT 1

## 1. MAKING NEW FRIENDS

- ¡Hola! Me llamo Cristina. ¿Cómo te llamas?
- Me llamo Juan. Ésta es Clara.
- Mucho gusto Clara.
  ¡Bienvenida a Venezuela!
- El gusto es mío. Muchas gracias.

## 2. MY FAMILY

Me llamo José Gómez. Tengo dos hermanos y una hermana. Mi papá se llama Jaime Gómez y mi mamá se llama Juanita Flores de Gómez. Mis hermanos son Paco y Antonio. Mi hermana es Isabel.

## 3. THE LIVING ROOM

La familia está en el salón. En el salón hay dos butacas y una mesita. Sobre la mesita hay una maceta de flores. Es un cuarto muy bonito.

## 4. AT SCHOOL

En la bolsa Isabel tiene una regla, un bolígrafo, un libro de español y dos cuadernos. Antonio tiene tres libros, cuatro bolígrafos, una goma, un lápiz y cinco cuadernos. Antonio no tiene una regla.

## 5. MY HOUSE

Mi casa está en Caracas, Venezuela. Es una casa muy grande. Hay siete cuartos en mi casa. Son dos dormitorios, una cocina, dos cuartos de baño, un comedor y una sala. Hay un garaje también. Mi casa es linda. A mí me gusta mi casa.

# UNIT 2

## 1. THE APARTMENT

El apartamento de la señora Marcano está pintado de blanco, es muy lindo, tiene un balcón, un comedor y una sala muy grande. Los vecinos de la señora Marcano están muy contentos con ella y su familia.

## 2. MY APARTMENT

¡Hola! ¿Qué tal? Soy Marco. Mi familia y yo vivimos en San Juan, Puerto Rico. Vivimos en un apartamento pequeño. Hay un balcón, dos dormitorios, una cocina, una sala y un baño. No hay comedor. La sala es grande. El apartamento es muy pequeño, ¿verdad?

## 3. CARMEN

Esta chica se llama Carmen Rodrígues. Vive en México. Es mexicana. Carmen quiere ser médica y ahora ella está en la clase. Carmen quiere escribir pero sus amigas quieren leer. ¡Qué niñas!

## 4. THE VISIT

Juan y María llegan a la casa de la familia Sánchez y llaman a la puerta. Cuando entran en la sala, Carmen y Carlos están muy alegres.

## 5. IN THE PARK

Hoy es jueves 24 de abril y son las cuatro de la tarde. Mis padres, mi hermana y yo estamos en el parque. La blusa de mi hermana es roja y sus zapatos son negros. El parque es muy grande y muy bonito.

# UNIT 3

## 1. A SMALL FAMILY

Ésta es Sandra, mi esposa. Ella es muy bonita pero muy delgada. Sandra es profesora y yo soy abogado. Mi hija María quiere ser piloto.

## 2. NATIONALITIES

El señor Carpio es de España. La señora de Carpio es de Venezuela. Es venezolana. Venezuela está situada en la costa norte de América del sur. La capital de Venezuela es Caracas.

## 3. FAMILY

El hermano de Juan es alto, delgado y bebe mucho jugo de frutas. La tía de Juan es baja y muy gorda y siempre está comiendo helados, comiendo arepas y descansando debajo del árbol del patio.

## 4. A SMALL APARTMENT

Claudia y Paquito viven cerca uno del otro. La casa de Claudia es grande con ocho habitaciones, tres dormitorios, dos baños, una cocina, una sala, un garaje y un lindo patio. El apartamento donde vive Paquito es lindo pero muy pequeño.

## 5. EATING TOGETHER

Claudia, Cristina y Rafael y el señor Hernández van a comer en una cafetería y cada uno de ellos pide de la lista. Claudia quiere un jugo de naranja, un helado de chocolate y un perro caliente. Cristina quiere una arepa, un helado de coco y un sandwich. Rafael no quiere ni arepas, ni helado, ni jugo de naranja. Él quiere solamente frutas.

# UNIT 4

## 1. WHAT IS THE TIME?

Ramón está en casa de un amigo. No tiene reloj porque está en el cuarto de su hermano. Dice a su amigo:

- ¿Qué hora es? No tengo mi reloj porque no sirve.
- Pues tengo hambre. Debe ser la hora de comer.

## 2. SPANISH IS SPOKEN HERE

El papá de Felipe trabaja en un aeropuerto. En el mes de abril don Pedro y Felipe salen en el primer vuelo hacia unos países de Sud América. Van a Bogotá, Quito, Lima y Santiago.

- En estos países- dice don Pedro, -todos hablan español.
- ¡Qué alegria! responde Felipe.

## 3. A FAMILY

Me llamo Rosa Fernández Fuentes. Tengo dos hermanos. El mayor se llama Roberto y el menor se llama Ricardo. Mi papá se llama Raúl Fernández y mi mamá Leonor Fuentes. Los dos son venezolanos. Mis dos hermanos y yo somos también venezolanos.

## 4. RELATIVES

Éste es mi amigo Luis Gómez Valdés. Mis dos amigos, Luis y Gloria, son hijos de la profesora de español de mi escuela. Ellos son muy buenos estudiantes y buenos amigos de clases.

## 5. FAVOURITE FOOD

Yo soy Guillermo Ortega. El es Norberto Vallandares y ella es Felicia Henríquez. Mi amiga Felicia quiere helado de chocolate y un jugo de naranja. Norberto quiere helado de coco y un perro caliente. Yo quiero una arepa, un helado de chocolate, un perro caliente y un jugo de manzana.

# GRADE 8

*Unit 1*
*Unit 2*
*Unit 3*
*Unit 4*

# UNIT 1

## 1. THE ROCA FAMILY

Hoy hablamos de una familia española. El padre, el señor don Pedro Roca, es un hombre de cuarenta años y su mujer, la señora doña María García de Roca, tiene treinta y ocho años. Ella es rubia; su marido es moreno y alto. Don Pedro es médico. Ellos tienen tres hijos.

## 2. THE HOUSE OF THE ROCA FAMILY

La casa de la familia Roca está en medio de un jardín hermoso que tiene muchas flores y muchos árboles. En el piso principal, hay cuatro habitaciones. La habitación grande da al jardín y es para los padres.

## 3. PASTIME

Cuando hace buen tiempo, Anita y Carlos pasan muchas horas sentados en las ramas del árbol y pueden ver el jardín.

## 4. GOOD AND BAD WEATHER

A toda la familia le gusta mucho el jardín en la primavera, el verano y el otoño, pero en el invierno hace frío, los días son cortos y las noches largas.

## 5. AT HOME

Es sábado y la familia Gómez está en casa. Generalmente ellos van al campo en su coche, pero esta tarde hace mal tiempo y prefieren quedarse sentados en el salón, mirando la televisión.

# UNIT 2

## 1. AT SCHOOL

En la escuela hay muchas salas de clase. Hay alumnos y alumnas. Cada clase tiene un profesor o una profesora. Para cada profesor o profesora hay una mesa y una silla.

## 2. AT SCHOOL

Los alumnos tienen bolsos. En los bolsos de los alumnos hay muchas cosas, por ejemplo, un espejo, un pañuelo blanco, un cuaderno, caramelos, monedas y otras cosas.

## 3. IN THE CLASSROOM

El profesor está delante de la clase. En la mesa del profesor hay textos, un bolígrafo y un florero con flores rojas. Los alumnos están en la clase. Están sentados en las sillas. Los textos están en los escritorios. Miguel está detrás de Isabel. Isabel está a la derecha de su amiga María.

## 4. WHERE SHALL WE GO?

- ¡Vamos al cine!, dice Juan.
- Sí, ¡vamos al cine!, responde Paula.
- ¿A qué hora vamos?
- Pues, vamos a las nueve de la noche.
- ¡Qué bien!

## 5. MYSELF

Yo hablo inglés, reparo radios, escribo poemas, corro mucho, y estudio todos los días porque quiero ser arquitecto. Me gusta beber refrescos y jugos, pero ahora estoy bebiendo leche y hablando con mi amigo Juan.

# UNIT 3

## 1. POSSESSIONS

Los calcetines de Rafael son suyos. La bicicleta de David es suya. Los patines de Gabriela son suyos. La guitarra que toca Francisco es mía. La escuela es de los quinientos alumnos que asisten cada día. Claudia quiere tener patines, una bicicleta y unas sandalias para bailar ballet.

## 2. PASTIMES AND DUTIES

La señora Hernández, Rafael, David y Cristina están pescando en el río y la señora Marcano está descansando y escuchando música. Claudia está pintando en su cuaderno una manzana, una naranja y una piña. Francisco está limpiando el automóvil del señor Hernández y cantando canciones.

## 3. SHOPPING

Marta y su madre van de compras al Centro. Entran en una zapatería porque Marta quiere zapatos nuevos. Ella va a una fiesta en la casa de uno de sus amigos.

- ¿Qué quieren ustedes?
- Queremos ver unos zapatos blancos por favor.

El dependiente regresa con un par de sandalias muy bonitas.

Marta dice a su madre:

- Mamá me gustan estas sandalias. Son bonitas.

## 4. AT THE RESTAURANT

Más tarde Marta y su madre van a un restaurante para comer. Están sentadas en una mesa. Un camarero va a la mesa y dice:

- ¿Qué quieren ustedes?
- Un momento. ¿Qué quieres Marta?
- Quiero enchiladas mamá.
- Bueno. Camarero yo quiero chile con carne y mi hija quiere enchiladas.
- ¿Algo de beber?
- Sí, queremos coca cola y agua mineral.

## 5. A BIRTHDAY

Hoy, viernes, 20 de marzo es el cumpleaños de Marta Hernández. Ella cumple doce años y su familia va a celebrar con Marta. Toda la familia va a la playa por la mañana. Hace buen tiempo. Allí ellos nadan, juegan al béisbol y se bañan. En la noche hay una fiesta en la casa de Marta.

# UNIT 4

## 1. THE PARTY

¡Cumpleaños Feliz! ¡Cumpleaños feliz! ¡Felicidades Marta! ¡Cumpleaños feliz! Canta todo el mundo a Marta. Hay una fiesta en su casa. Los amigos de Marta traen regalos y ella está muy feliz. Ramón toca la guitarra un rato y después pone un disco compacto con música de salsa. Todo el mundo come y baila hasta muy tarde en la noche.

## 2. THE PRESENTS

Los amigos de Marta traen muchos regalos. Ramón trae un disco compacto con música de Julio Iglesias, Carmen trae una bufanda bonita, Gloria trae un perfume, Clara trae una caja de chocolates y José una novela. A Marta le gustan todos los regalos pero le gusta especialmente la bolsa "Gucci" que recibe de su madre.

## 3. THE FOOTBALL MATCH

José y Sergio tienen que salir. Van a un partido de fútbol. Tienen que tomar el autobús para ir al estadio nacional. José tiene hambre y tiene que comer de prísa porque el partido empieza a las cuatro y media y ahora son las cuatro.

## 4. FOOTBALL

El año 1998 es el año de la copa mundial de fútbol en Francia. Muchas personas de todo el mundo van a Francia para los partidos de fútbol. Entre los equipos que van a asistir son España, Brasil, México, los Estados Unidos y Jamaica. México tiene un buen equipo y van a jugar muy bien este año. Jamaica tiene un equipo que se llama "Reggae Boys" y juegan muy bien.

## 5. HOLIDAYS

El señor Gómez es negociante. Vive en Madrid, una ciudad de España. El señor y su familia deciden ir de vacaciones este año en el mes de julio. Hoy, lunes el 26 de julio están en el aeropuerto de Barajas. Quieren ir en avión. Salen de Madrid a las doce y media de la tarde y llegan a Francía a las dos, más tarde. El señor y su familia pasan por la inmigración; van a la aduana con su equipaje.

# GRADE 9

*Unit 1*
*Unit 2*
*Unit 3*
*Unit 4*

# UNIT 1

## 1. BASKETBALL

Yo he estado hablando con Miguel de baloncesto porque a él le gusta mucho ese deporte. El me ha dicho que quiere jugar en la "NBA" e ir a las Olimpiadas en el futuro. Su papá ha dicho que Miguel está soñando y lo que debe hacer es estudiar más.

## 2. TRAVEL

El viaje desde Londres hasta Madrid es muy largo. Raul ha comprado periódicos para ese viaje y leerlos en el avión. Ricardo debe encontrar a Manuel quien se ha perdido dentro de la Terminal Aérea. Carlos, mientras tanto, se ha puesto las gafas para leer una revista.

## 3. THE RETURN HOME

La señora García vuelve de Vigo. Además de su maleta, lleva un paquete grueso y algo misterioso. Camino de la casa su esposo explica como ha roto el florero. Ella no dice nada. En casa, pone su paquete sobre la mesa. Saca las tijeras, corta la cuerda con la cual está atado el paquete. Lo abre y saca otro florero idéntico.

# UNIT 2

## 1. AT THE BEACH

En vez de ir a Francia, la familia García van a la playa para sus vacaciones de verano. Tienen sólo una semana de vacaciones y como las playas del Oriente se encuentran muy lejos, ellos consideraron ir a la región de Occidente, o a las playas del Estado Falcón. Finalmente, decidieron ir al Estado Falcón porque pueden ir a Coro, la capital del Estado Falcón.

## 2. A PARTY

Es el fin de curso y unos amigos planificaron una fiesta. Los chicos van a traer los refrescos, los vasos plásticos y el hielo. Francisco traerá la comida. También, Gabriela y Patricia traerán la comida como sandwiches y bolitas de carne y de queso. Rafael tiene muchísimos discos y cassettes de salsa, de merengue y de rock, y Francisco tiene varios discos de calipso.

## 3. AN OFFICIAL VISIT

El año pasado, el Primer Ministro de Barbados visitó a Jamaica por tres días. Él llegó el 5 de agosto por avión. Primeramente, él fue a presentarse al gobernador de Jamaica. Luego, en la noche, había una recepción en la residencia del Primer Ministro de Jamaica. Al día siguiente el invitado asistió a una ceremonia oficial. El Primer Ministro salió de Jamaica el 7 de agosto.

# UNIT 3

## 1. A WEDDING

El día tres de junio, Mari-Carmen se casó con Juan Gómez en la capilla del pueblo español. La novia, Mari-Carmen llevaba un vestido de novia hermosísimo. Después de la boda, los casados fueron a México en avión, para pasar su luna de miel allí. Los padres de Mari-Carmen no quieren que ellos se casen porque tenían sólo veintidós y veinte años. Creen que ellos deben acabar sus estudios antes de casarse.

## 2. EATING

La familia García fue al restaurante LA CONCHA para comer, para celebrar la última noche de sus vacaciones en Bilbao, en el norte de España. El señor García conocía al dueño del restaurante, y por la noche él le llamó para reservar una mesa. La familia llegó al restaurante a las ocho de la noche donde el dueño les recibió y les mostró la mesa reservada.

# UNIT 4

## 1. SUMMER HOLIDAYS

El año pasado, la familia López fue a Venezuela para pasar tres semanas allí con el hermano del señor López. Su hermano, el señor Pedro López les recibió alegremente. Él llegó al aeropuerto en su coche y llevó a sus invitados a su casa en las afueras de Caracas. Durante esas semanas el señor Pedro López y las otras personas se levantaban muy temprano para viajar a los sitios de interés.

## 2. SUMMER HOLIDAYS

Visitaron al Museo, la tumba de Simón Bolívar, la Universidad, los monumentos, las iglesias, la Catedral y otras iglesias. Los venezolanos a quienes se encuentran eran muy simpáticos. Por la tarde regresaban a casa, se bañaban y el señor Pedro López tocaba la guitarra. Se acostaban temprano, pues, siempre estaban cansados. Los invitados se divirtieron mucho. ¡Qué bien!

# PART ONE

## SECTION 2

*Oral Responses*

# GRADE 7

*Unit 1*
*Unit 2*
*Unit 3*
*Unit 4*

# UNIT 1

1. You meet someone for the first time and you welcome him/her to Jamaica.
   (a) What do you say?
   (b) What does he/she say?

2. You introduce your younger sister to your friend, Juan.
   (a) What do you say?
   (b) What does your friend say?

3. A friend introduces you to Mr. Marcano.
   (a) What does he say?
   (b) How do you reply?

4. You meet your teacher at the shopping centre. You greet her.
   (a) What do you say?
   (b) What does she say?

5. Someone asks you where you are from.
   (a) How does he ask?
   (b) How do you reply?

# UNIT 2

1. Someone arrives at your home wanting to see your father, but he is not at home.
   (a) What does the person ask?
   (b) What do you say?

2. Your teacher asks you where you live.
   (a) How does she ask?
   (b) How do you respond?

3. Your mother is preparing breakfast, and she asks you what you wish to eat and you reply that you want an arepa with coffee or chocolate.

   (a) What does she say to you?

   (b) What do you reply?

4. The new teacher at your school is a Cuban, and when your father asks you where he/she is from, you tell him that he/she is from Cuba.

   (a) What does your father ask?

   (b) What do you say?

5. On your first day in school the teacher introduces Sergio, a Venezuelan, to the class.

   (a) What does the teacher say?

   (b) How does Sergio greet everyone?

# UNIT 3

1. On the first day of school you see a new student and you ask him what his name is.

   (a) What do you say?

   (b) What does he say?

2. It is Christmas time and you greet your aunt who has come to spend the holidays with your family.

   (a) How do you greet her in a special way?

   (b) How does she reply?

3. Your friend wants to know your mother's/father's profession. He/she is a teacher.

   (a) What does your friend ask?

   (b) How do you reply?

4. Carlos meets his friend Pablo on the way to school. Carlos has a new watch, and Pablo asks him what time it is.

   (a) What does Pablo say?

   (b) What does Carlos reply?

5. Your teacher asks you how old you are.

    (a) What does she say?

    (b) How do you reply?

# UNIT 4

1. Marta tells Carmen on the telephone that she has a new dress. Carmen wants to know what colour it is.

    (a) What does Marta say?

    (b) What does Carmen reply?

2. Marta sees her teacher with a present and she thinks it is for her, but the present is for Pablo whose birthday it is.

    (a) What does Marta say?

    (b) What does the teacher tell her?

3. You have been robbed by a very short, fat man who has only one eye, and the policeman asks you what the thief looks like.

    (a) What does the policeman say?

    (b) How do you reply?

4. You are late for school one day and your teacher asks you how you travel to school.

    (a) What does he say?

    (b) How do you respond?

5. Pepe tells his friend, Anita, about a party and asks if she wants to go.

    (a) What does Pepe tell Anita?

    (b) What does Anita reply?

# GRADE 8

*Unit 1*
*Unit 2*
*Unit 3*
*Unit 4*

# UNIT 1

1.  You see shoes in the living room left there by your brother. You ask him if they are his.

    (a) What do you ask?

    (b) What does he reply?

2.  The telephone in your home rings and you answer it. It is your mother's friend.

    (a) What do you say?

    (b) How does the person answer?

3.  The weather is fine and you ask your mother what she is going to do.

    (a) What do you say to her?

    (b) How does she respond?

4.  Carlos meets Pepe, his friend, in the park. They greet each other.

    (a) What does Carlos say?

    (b) How does Pepe respond?

5.  Marta tells Carmen on the telephone that she has a new blouse. Carmen wants to know what colour it is.

    (a) What does Marta say?

    (b) What is Carmen's response?

# UNIT 2

1. On Friday, you and your friend talk about what to do the next day.

   (a) Ask your friend what he wants to do.

   (b) What does he say?

2. You are not sure what the date is, and you ask your classmate.

   (a) What do you ask?

   (b) How does he respond?

3. Your aunt in New York calls to speak with your mother and wants to know what the weather is like in Jamaica.

   (a) What does your aunt ask?

   (b) What does your mother say?

4. Your mother is preparing breakfast and asks you whether you want coffee or tea.

   (a) What does she say?

   (b) How do you reply?

5. You tell your mother that you want to go shopping with your sister and she wants to know what you are going to buy.

   (a) What does she ask?

   (b) What do you tell her?

# UNIT 3

1. While in Mexico living with a family, you notice that each time you are going to eat, they wish you enjoy your meal.

   (a) What special words do they say?

   (b) How do you respond?

2. You arrive at school late one morning and the teacher wants to know at what time you usually get up.

   (a) What does she ask?

   (b) Tell her when you usually get up.

3. Your teacher wants to know if you like music.

   (a) What does he say to you?

   (b) Say that you prefer religious music.

4. While in Mexico you ask somebody where to find the National Museum.

   (a) What do you ask?

   (b) What does the person say?

5. In a shoe store you wish to decide whether to buy the brown shoes or the black shoes.

   (a) Ask the clerk which one costs more.

   (b) Say which one you want.

# UNIT 4

1. María receives a birthday present from her father who gives it to her at the party.
   - (a) What does her father wish her?
   - (b) How does María reply?

2. Someone asks you when is your birthday.
   - (a) What does the person say?
   - (b) Tell him/her the date of your birthday.

3. Your mother tells you to wash the car but you wish to watch television.
   - (a) What does she say?
   - (b) What do you say?

4. Your teacher wants you to stand up.
   - (a) What does she say?
   - (b) You ask her to wait a moment.

5. At the airport the customs officer asks for your passport and where you are from.
   - (a) How does he ask for the passport?
   - (b) How does he ask where you are from?

# GRADE 9

*Unit 1*
*Unit 2*
*Unit 3*
*Unit 4*

# UNIT 1

1. You meet your teacher on Saturday and you greet him.

   (a) What do you say?

   (b) What is his reply?


2. You politely ask someone to tell you the time. He, in turn politely replies.

   (a) What do you say?

   (b) What does he reply?


3. You meet a friend after a very long time. You ask her where she lives, and she tells you that she lives in Madrid.

   (a) What do you say to her?

   (b) How does she reply?


4. Marta asks Pedro when is his birthday and how he is going to celebrate.

   (a) What does Marta say?

   (b) How does Pedro respond?


5. You arrive home without your brother and your mother asks you where he is. You tell her that you do not know.

   (a) What does your mother ask?

   (b) How do you reply?

# UNIT 2

1. Your mother and father are going on vacation and you want to know when they are going to return.
   - (a) What do you ask?
   - (b) What do they say?

2. You arrive at your friend's house to celebrate her birthday party. She meets you at the door.
   - (a) What do you say to her?
   - (b) What does she reply?

3. Your class is without a teacher and the children are noisy. The Principal enters the classroom.
   - (a) What does he say to them?
   - (b) What do you tell the Principal?

4. You introduce your friend Carlota to your mother.
   - (a) What do you say?
   - (b) How does your mother reply?

5. At a train station in Spain, you wish to buy a return ticket from Barcelona to Madrid. The ticket seller wishes to know if you want a first class or second class ticket.
   - (a) What do you ask?
   - (b) What does the ticket seller say?

# UNIT 3

1.  Your mother buys two shirts for your birthday. You like both of them, but you prefer the white one. She asks you if you like them.

    (a) What does she say?

    (b) How do you respond?

2.  Your father is looking for his pipe. You tell him that it is on the table.

    (a) What does he ask you?

    (b) What do you say to him?

3.  At a cafeteria you ask the waiter for some appetizers and a cup of coffee.

    (a) What do you ask him?

    (b) How does he reply?

4.  You are sick in bed with a cold and your friends come to visit you, wanting to know if you are better and what is wrong.

    (a) How do they ask you?

    (b) What do you reply?

5.  You are in a restaurant and the waiter brings you the menu. He asks you if you like paella.

    (a) What does he ask you?

    (b) How do you answer?

# UNIT 4

1. Soledad has two blouses and wants to give one to her friend Gloria. She asks Gloria which one she prefers.

   (a) What does she say to Gloria?

   (b) What does Gloria reply?

2. You are in the park with your friend and you see someone that you know. You ask your friend if he knows the person, but he does not know her.

   (a) What do you say?

   (b) What does your friend say?

3. Your mother is preparing breakfast and wants to know if you prefer tea or coffee.

   (a) What does she ask?

   (b) How do you reply?

4. You are interviewing Don José, an author and you want to know what is the name of his latest novel.

   (a) What do you say to him?

   (b) How does he respond?

5. Carlos gives a present to Pablo for his birthday, and wants to know if Pablo likes the present.

   (a) What does Carlos ask?

   (b) What does Pablo say?

# PART TWO

## SECTION 1

*Listening Comprehension*

# GRADE 7

*Unit 1*

*Unit 2*

# UNIT 1

## I. SERIES OF PICTURES.

Listen to the **sentences** read to you. Then choose from the four pictures lettered **A** to **D**, the one which illustrates the sentence you have heard. Blacken the corresponding letter on the answer sheet.

1.  A       B       C       D

2.  A       B       C       D

## II. SENTENCES

You will hear some **sentences**. After each sentence, a question will be read. Choose the best answer to the question and blacken the corresponding letter on the answer sheet.

3.  A.  viajar
    B.  comer
    C.  ser
    D.  vivir

4.  A.  en casa
    B.  en la iglesia
    C.  en la escuela
    D.  en el balcón

5. A. la tarde
   B. la mañana
   C. la madrugada
   D. la noche

6. A. una doctora
   B. una profesora
   C. un turista
   D. una alumna

7. A. jamaicano
   B. venezolana
   C. colombiano
   D. peruana

8. A. el salón
   B. el garaje
   C. el comedor
   D. el dòrmitorio

9. A. en casa
   B. en un restaurante
   C. en una tienda
   D. en la escuela

10. A. la tarde
    B. la mañana
    C. la noche
    D. la madrugada

## III. ANNOUNCEMENTS

Some **announcements** will be read to you followed by some questions. Listen and then choose the best answer to each question. Blacken the corresponding letter on your answer sheet.

11. A. el profesor
    B. el piloto
    C. la madre
    D. el país

12. A. América
    B. Jamaica
    C. Venezuela
    D. Colombia

13. A. Bienvenidos
    B. Bienvenida
    C. Hola
    D. Buenos días

14. A. una cafetería
    B. una casa
    C. un colegio
    D. un aeropuerto

15. A. jugos
    B. arepas
    C. helado
    D. empanadas

Listen to the **passages** which will be read to you, followed by questions on the passages. Choose the best answer from the four given to you. Then blacken the corresponding letter on your answer sheet.

What does the house look like?

16.  A.  pretty
     B.  ugly
     C.  small
     D.  long


17.  Which room is small?
     A.  the bathroom
     B.  the kitchen
     C.  the bedroom
     D.  the living room


18.  Who does not like the house?
     A.  Marta
     B.  José
     C.  the parents
     D.  Ana

19.  What is the nationality of the father?
     A.  African
     B.  Venezuelan
     C.  Cuban
     D.  Mexican


20.  What is the profession of the mother?
     A.  engineer
     B.  doctor
     C.  policewoman
     D.  teacher

# UNIT 2

## I. SERIES OF PICTURES

Listen to the sentences read to you. **Then choose** from the four pictures lettered **A** to **D**, the one which illustrates the sentence **you have heard**. Blacken the corresponding letter on the answer sheet.

1

| A | B | C | D |

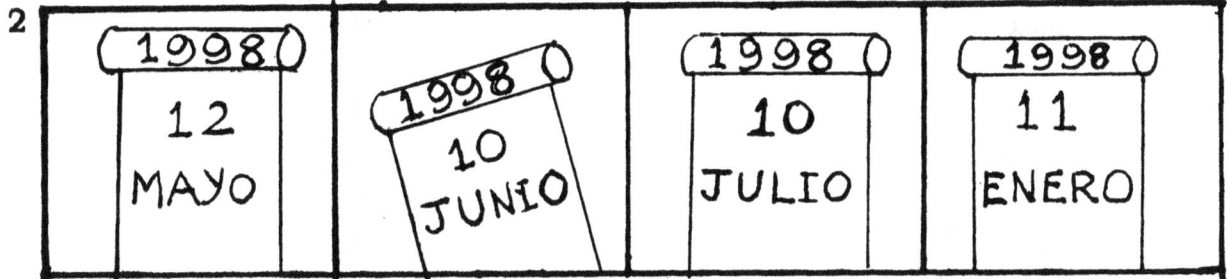

2

1998  12  MAYO    1998  10  JUNIO    1998  10  JULIO    1998  11  ENERO

| A | B | C | D |

3

VINO TINTO

| A | B | C | D |

## II. SENTENCES

You will **hear** some **sentences.** After each sentence, a question will be read. Choose the best answer to the question and blacken the corresponding letter on the answer sheet.

4. A. Costa Rica
   B. Colombia
   C. Puerto Rico
   D. México

5. A. bailar
   B. comer
   C. beber
   D. cocinar

6. A. niños
   B. niña
   C. chica
   D. chico

7. A. banco
   B. Correos
   C. hospital
   D. almacén

8. A. pastelería
   B. tienda de discos
   C. zapatería
   D. panadería

9. A. coche
   B. baile
   C. canción
   D. tren

10. A. la noche
    B. la tarde
    C. la mañana
    D. la madrugada

11. A. en un hospital
    B. en un coche
    C. en casa
    D. en la sala de clase

12. A. de Cuba
    B. de Colombia
    C. de Ecuador
    D. de España

13. A. para comer
    B. para bailar
    C. para descansar
    D. para escribir

14. A. en un café
    B. en el banco
    C. en la escuela
    D. en el baño

15. A. beber
    B. comer
    C. pescar
    D. estudiar

16. A. helado
    B. arepas
    C. zapatos
    D. guitarras

17. A. por la radio
    B. por teléfono
    C. en la televisión
    D. por coche

18. A. su coche
    B. su cumpleaños
    C. una fiesta
    D. La Navidad

19. A. Hace mal tiempo
    B. Hace sol
    C. Está lloviendo
    D. Hace buen tiempo

20. A. radios

    B. discos

    C. libros

    D. relojes

## III. ANNOUNCEMENTS

Some **announcements** will be read to you followed by some questions. Listen and then choose the best answer to the question. Blacken the corresponding letter on the answer sheet.

21. A. en el estadio
    B. en la escuela
    C. en el campo
    D. en la tienda

22. A. el tres de junio
    B. el trece de julio
    C. el tres de julio
    D. el tres de junio

23. A. los estudiantes y los alumnos
    B. los maestros y las maestras
    C. los estudiantes y los profesores
    D. el director y un alumno

24. A. en la escuela
    B. en sus casas
    C. en un café
    D. en el parque

25. A. Hace sol
    B. Hace mal tiempo
    C. Hace buen tiempo
    D. Hace viento

26. A. Cuba
    B. Jamaica
    C. Costa Rica
    D. Venezuela

27. A. en el mercado
    B. en el aeropuerto
    C. en casa
    D. en el banco

28. A. el piloto
    B. un policía
    C. el director
    D. un profesor

29. A. Hace sol
    B. Hace viento
    C. Esta lloviendo
    D. Hace frío

30. A. venezolanos
    B. africanos
    C. cubanos
    D. americanos

Listen to the **passages** which will be read to you, followed by questions on the passages. Choose the best answer from the four given to you. Then blacken the corresponding letter on your answer sheet.

31. Who is Jaime?
    A. Enrique's brother
    B. Enrique's cousin
    C. Enrique's friend
    D. Enrique's sister

32. What day of the week is it?
    A. Sunday
    B. Monday
    C. Saturday
    D. Friday

33. Where is Enrique?
    A. In the dining room
    B. In the kitchen
    C. On the balcony
    D. In the garden

34. Who is there with him?
    A. His friend
    B. His cousin
    C. His sister
    D. His brother

35. What nationality is María?
    A. French
    B. Venezuelan
    C. Spanish
    D. Jamaican

36. What language does María speak?
    A. French
    B. English
    C. Jamaican creole
    D. Spanish

37. Where is the family?
    A. at the supermarket
    B. at the plaza
    C. at the store
    D. on the street

38. What does the mother want?
    A. a Christmas tree
    B. a Nativity scene
    C. Christmas records
    D. decorations

39. What does Sandra want to buy?
    A. a bicycle
    B. dolls
    C. a tree
    D. nothing

40. Who wants records?
    A. Pedro and Pablo
    B. Pablo
    C. Sandra and Pablo
    D. the family

# GRADE 8

## *Unit 1*
## *Unit 2*

# UNIT 1

## I. SERIES OF PICTURES

Listen to the **sentences** read to you. Then choose from the four pictures lettered **A** to **D**, the one which illustrates the sentence you have heard. Blacken the corresponding letter on the answer sheet.

1  A  B  C  D

2  A  B  C  D

## II. SENTENCES

You will hear sōme **sentences**. After each sentence a question will be read. Choose the best answer to the question and blacken the corresponding letter on the answer sheet.

3.  A. tres
    B. dos
    C. trece
    D. cuatro

4.  A. una verdura
    B. una fruta
    C. un libro
    D. una radio

5. A. regresa
   B. se va
   C. viene
   D. llega

8. A. una paella
   B. un plato
   C. una limonada
   D. una novela

6. A. en el banco
   B. en casa
   C. en la escuela
   D. en una tienda

9. A. en primavera
   B. en otoño
   C. en verano
   D. en enero

7. A. en una discoteca
   B. en un salón
   C. en un café
   D. en una estación

10. A. en casa
    B. en un banco
    C. en un café
    D. en un mercado

## III. ANNOUNCEMENTS

Some **announcements** will be read to you followed by some questions. Listen and then choose the best answer to the question. Blacken the corresponding letter on the answer sheet.

11. A. de Jamaica
    B. de Cuba
    C. de los Estados Unidos
    D. de Colombia

14. A. 447
    B. 476
    C. 446
    D. 576

12. A. 006
    B. 007
    C. 004
    D. 005

15. A. a Cuba
    B. a Jamaica
    C. a Santiago
    D. a América

13. A. a las ocho
    B. a las cinco
    C. a las siete
    D. a las diez

*IV. PASSAGE*

Listen to the **passage** which will be read to you followed by questions on the passage. **Choose** the best answer from the four questions given to you. Then blacken the corresponding letter on the answer sheet.

16. Where does Lolita live?
    A. in an apartment
    B. in a house
    C. in a garage
    D. in a bank

17. What does her apartment look like?
    A. big
    B. modern
    C. small
    D. pretty

18. How many bedrooms are there?
    A. eleven
    B. thirteen
    C. thirty
    D. three

19. How many television sets does Lolita's family have?
    A. three
    B. two
    C. four
    D. twelve

20. Where are the television sets kept?
    A. in her parent's room
    B. in the hall and the kitchen
    C. in the bedroom
    D. in the hall and in her parent's room

# UNIT 2

## I.   SERIES OF PICTURES

Listen to the **sentences** read to you.  Then choose from the four pictures lettered **A** to **D**, the one which illustrates the sentence you have heard.  Blacken the corresponding letter on the answer sheet.

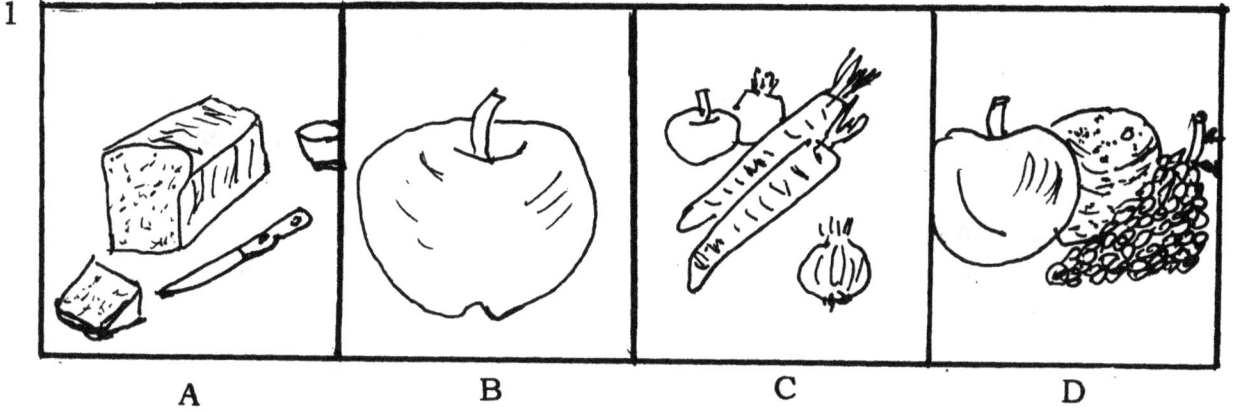

1

| A | B | C | D |

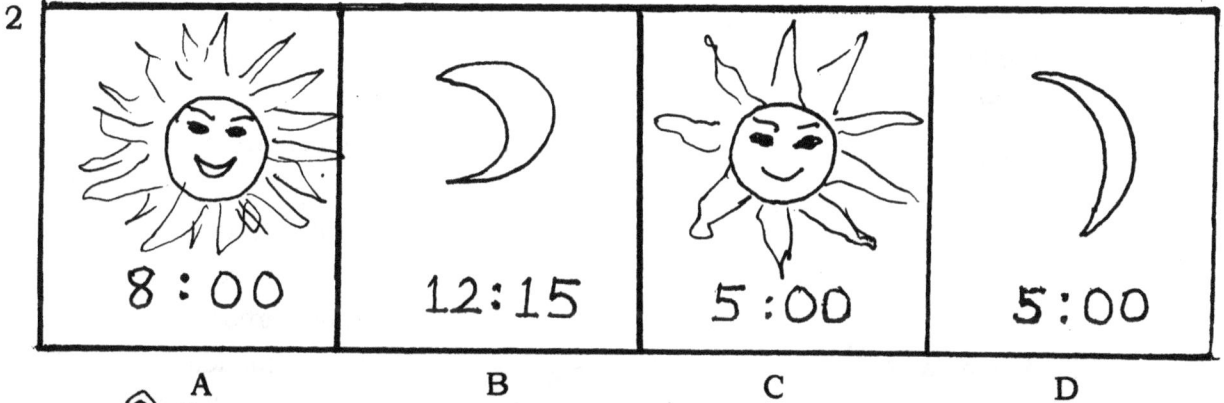

2

8:00  12:15  5:00  5:00

| A | B | C | D |

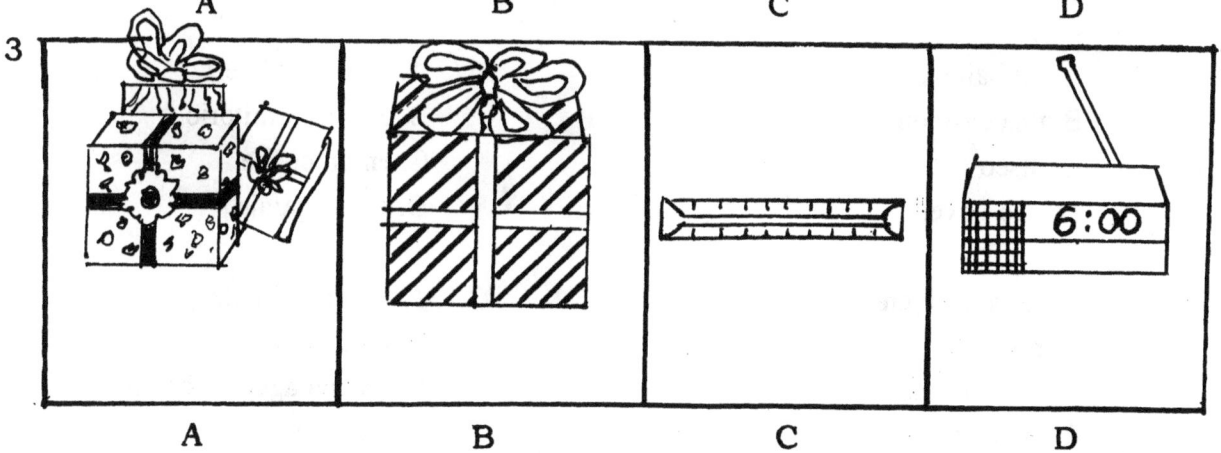

3

| A | B | C | D |

## II. SENTENCES

You will hear some **sentences**. After each sentence a question will be read. Choose the best answer to the question and blacken the corresponding letter on the answer sheet.

4.    A. amable
      B. guapa
      C. feo
      D. bonita

5.    A. comer
      B. leer
      C. bailar
      D. viajar

6.    A. el hombre
      B. el esposo
      C. la señora
      D. el chico

7.    A. el aduanero
      B. el piloto
      C. la capitán
      D. el jugador

8.    A. de pie
      B. sentada
      C. a pie
      D. de rodillas

9.    A. un baile
      B. una cancion
      C. disco
      D. una novela

10.   A. no anda bien
      B. no corre
      C. tarda mucho
      D. funciona bien

11.   A. su Santo
      B. su cumpleaños
      C. la Navidad
      D. Dia de los Reyes

12.   A. debajo de un manzano
      B. en un museo
      C. en un árbol de mangos
      D. en una discoteca

13.   A. en octubre
      B. en septiembre
      C. en enero
      D. en agosto

14.   A. en un banco
      B. en la estación
      C. en casa
      D. en un comedor

15.   A. con una fiesta
      B. con un concierto
      C. con un partido
      D. con una comida

16.   A. en una cafetería
      B. en su dormitorio
      C. en un coche
      D. en un garaje

17.   A. en una discoteca
      B. en un avión
      C. en una agencia de viajes
      D. en casa

18. A. colombiano
    B. venezolano
    C. jamaicano
    D. francés

19. A. en el comedor
    B. en la sala
    C. en el cuarto de baño
    D. en el ático

20. A. contento
    B. cansado
    C. alto
    D. triste

## III. ANNOUNCEMENTS

Some **announcements** will be read to you followed by some questions. Listen and then choose the best answer to the questions. Blacken the corresponding letter on the answer sheet.

21. A. Hace sol
    B. Hace calor
    C. Hace mal tiempo
    D. Hace viento

22. A. fútbol
    B. béisbol
    C. cricket
    D. baloncesto

23. A. un partido
    B. un juego
    C. un equipo
    D. una calle

24. A. de música
    B. de canción
    C. de baile
    D. cómico

25. A. de una salida
    B. de un baile
    C. de una llegada
    D. de un concierto

26. A. de Sud América
    B. de Cuba
    C. del Caribe
    D. de Trinidad

27. A. a las diez de la mañana
    B. a las once de la noche
    C. a las once y quince de la mañana
    D. a la una de la tarde

28. A. de América del sur
    B. de Cuba
    C. de Jamaica
    D. de los Estados Unidos

29. A. en la mañana
    B. en la tarde
    C. a las doce
    D. a la una

30. A. va a llover
    B. va a hacer viento
    C. va a hacer calor
    D. va a hacer fresco

Listen to the **passages** which will be read to you, followed by questions on the passages. Choose the best answer from the four given to you. Then blacken the corresponding letter on the answer sheet.

31. Where are Ana and Carmen working?
    A. in the hall
    B. in the kitchen
    C. in the bathroom
    D. in the bedroom

32. Whom are they talking about?
    A. Juan and Carlos
    B. Juan and Elena
    C. María and Juan
    D. Carlos and María

33. How are they talking?
    A. softly
    B. low
    C. loudly
    D. high

34. Why is Carlos sitting in an armchair?
    A. He is happy.
    B. He is tired.
    C. He is hot.
    D. He is cold.

35. What is the weather like?
    A. fine
    B. bad
    C. rainy
    D. hot

36. Where are the two families going?
    A. to work
    B. to school
    C. to the country
    D. home

37. What are Mrs. Hernández and the children going to do?
    A. play cricket
    B. sing
    C. play football and baseball
    D. play the piano

38. What is Mrs. Marcano going to do?
    A. study
    B. swim
    C. listen to music
    D. dance

39. How many persons are in both families?
    A. six
    B. eight
    C. nine
    D. seven

40. How many children are there?
    A. four
    B. five
    C. fourteen
    D. twenty-four

# GRADE 9

*Unit 1*
*Unit 2*

## I. SERIES OF PICTURES

Listen to the **sentences** read to you. Then choose from the four pictures lettered **A** to **D**, the one which illustrates the sentence you have heard. Blacken the corresponding letter on the answer sheet.

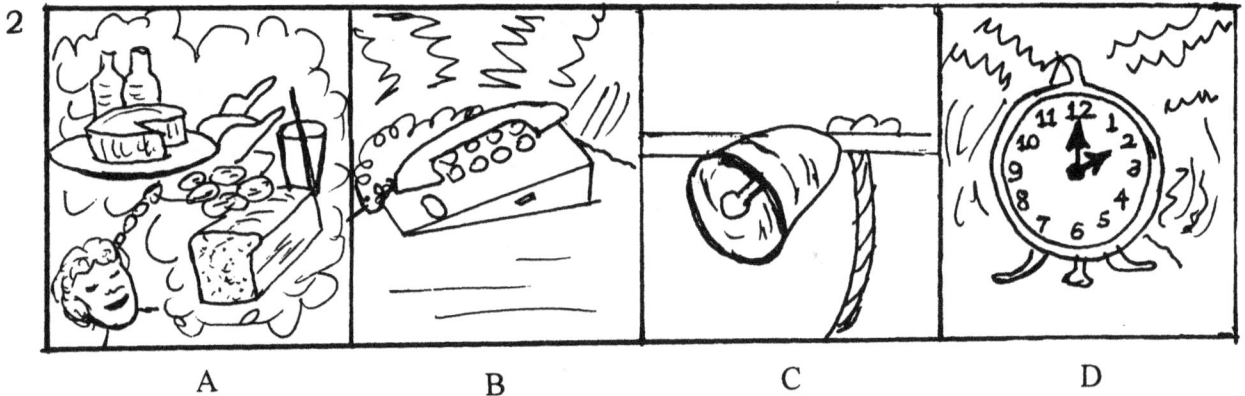

1      A         B         C         D

2      A         B         C         D

## II. SENTENCES

You will hear some **sentences**. After each sentence a question will be read. Choose the best answer to the question and blacken the corresponding letter on the answer sheet.

3.    A. La Habana
       B. Santiago
       C. Lima
       D. Leon

4.    A. 900
       B. 700
       C. 600
       D. 800

5. A. fea
   B. bonita
   C. feo
   D. chévere

6. A. café con leche
   B. café con azúcar
   C. café sin leche
   D. café con leche y azúcar

7. A. español
   B. inglés
   C. americano
   D. italiano

8. A. en casa
   B. en la estación
   C. en la iglesia
   D. en el banco

9. A. en una discoteca
   B. en una zapatería
   C. en una tienda de discos
   D. en una librería

10. A. en una escuela
    B. en una tienda
    C. en la librería
    D. en una agencia de viajes

## III. ANNOUNCEMENTS

Some **announcements** will be read to you followed by some questions. Listen and then choose the best answer to the question. Blacken the corresponding letter on the answer sheet.

11. A. 009
    B. 0010
    C. 018
    D. 008

12. A. Jamaica
    B. América
    C. España
    D. Nueva York

13. A. a las ocho y media
    B. ahora mismo
    C. a las ocho
    D. en cinco minutos

14. A. a las nueve
    B. a las seis
    C. a las ocho y media
    D. a las nueve y media

15. A. de cuatro a seis
    B. de seis a cuatro
    C. de cuatro a siete y media
    D. de seis a seis y media

Listen to the **passage** which will be read to you, followed by questions on the passage. Choose the best answer from the four given to you. Then blacken the corresponding letter on the answer sheet.

16. At what time does Carlos get up?
    A. 9:00 a.m.
    B. 8:00 a.m.
    C. 8:30 a.m.
    D. 7:00 a.m.

17. Where does he go?
    A. to the kitchen
    B. to the dining room
    C. to the bathroom
    D. to the garage

18. Who is Diego?
    A. his brother
    B. his classmate
    C. his cousin
    D. his friend.

19. Where are the two boys going to meet?
    A. at the square
    B. inside the supermarket
    C. at the market
    D. at school

20. What does Diego buy?
    A. a book
    B. fruits
    C. vegetables
    D. potatoes

# UNIT 2

*I. SERIES OF PICTURES*

Listen to the **sentences** read to you. Then choose from the four pictures lettered **A** to **D**, the one which illustrates the sentence you have heard. Blacken the corresponding letter on the answer sheet.

**1**   A   B   C   D

**2**   A   B   C   D

**3**   A   B   C   D

## II. SENTENCES

You will hear some **sentences**.  After each sentence a question will be read.  Choose the best answer to the question and blacken the corresponding letter on the answer sheet.

4.  A.  la frutería
    B.  la pescadería
    C.  la zapatería
    D.  la perfumería

5.  A.  el doce
    B.  el trece
    C.  el seis
    D.  el tres

6.  A.  contenta
    B.  triste
    C.  nerviosa
    D.  alegre

| 7. | A. | cafeteria | 14. | A. | al camarero |
| | B. | playa | | B. | al cobrador |
| | C. | club | | C. | al empleado |
| | D. | parada | | D. | al portero |

| 8. | A. | inglés | 15. | A. | un coche |
| | B. | historia | | B. | una radio |
| | C. | piano | | C. | un televisor |
| | D. | música | | D. | una estufa |

| 9. | A. | el fútbol | 16. | A. | Hace sol |
| | B. | el tenis | | B. | Hace viento |
| | C. | la natación | | C. | Hace mal tiempo |
| | D. | el cricket | | D. | Hace calor |

| 10. | A. | el 31 de enero | 17. | A. | España |
| | B. | el 6 de enero | | B. | Italia |
| | C. | el 24 de diciembre | | C. | Francia |
| | D. | el 31 de diciembre | | D. | Inglaterra |

| 11. | A. | una habla | 18. | A. | le gusta mucho |
| | B. | un disco | | B. | no le gusta |
| | C. | un deporte | | C. | que no es bueno |
| | D. | un estudio | | D. | que está bien |

| 12. | A. | en la cocina | 19. | A. | cuesta muchísimo |
| | B. | en el cuarto de baño | | B. | es fácil |
| | C. | en el salón | | C. | es bueno |
| | D. | en el jardín | | D. | no cuesta mucho |

| 13. | A. | la tarde | 20. | A. | está triste |
| | B. | la mañana | | B. | está contento |
| | C. | la noche | | C. | está enferma |
| | D. | la madrugada | | D. | es bueno |

Some **announcements** will be read to you followed by some questions. Listen and then choose the best answer to the questions. Blacken the corresponding letter on your answer sheet.

21.  A.   a las ocho y nueve
     B.   a las nueve y media
     C.   a las nueve
     D.   a las cuatro

22.  A.   música solamente
     B.   música y baile
     C.   baile tradicional
     D.   canción y baile

23.  A.   en avión
     B.   en buque
     C.   en tren
     D.   carro

24.  A.   de Francia
     B.   de Italia
     C.   de Inglaterra
     D.   de Portugal

25.  A.   en la catedral
     B.   en la casa del gobierno
     C.   en la escuela
     D.   en la museo

26.  A.   una semana
     B.   dos meses
     C.   veintiocho días
     D.   tres días

27.  A.   regresa a su país
     B.   no sale
     C.   va a Trinidad
     D.   el buque

28.  A.   de Barbados
     B.   a Guyana
     C.   en Trinidad
     D.   a su país

29.  A.   un día
     B.   un mes
     C.   dos semanas
     D.   tres días

30.  A.   una conferencia
     B.   una película
     C.   un juego
     D.   un partido

Listen to the **passages** which will be read to you followed by questions on the passages. Choose the best answer from the four given to you. Then blacken the corresponding letter on the answer sheet.

31. Why are the friends not in school?
    A.   It is Monday.
    B.   It is the holidays.
    C.   It is Sunday.
    D.   It is raining.

32. Where are they?
    A.   At home
    B.   In the garden
    C.   On the balcony
    D.   Inside the house

33. At what time do the men usually meet?
    A.   1:40 p.m.
    B.   1:55 p.m.
    C.   1:30 p.m.
    D.   3:13 p.m.

34. When did Mr. Lopez arrive?
    A.   2:05 p.m.
    B.   1:40 p.m.
    C.   1:35 p.m.
    D.   1:50 p.m.

35. What do they drink?
    A.   rum
    B.   a soft drink
    C.   beer
    D.   a glass of wine

36. What do they eat?
    A.   chicken and vegetables
    B.   beef steak with chips
    C.   chicken with potato chips
    D.   fish and potato chips

37. What do they give to the waiter?
    A.   a card
    B.   a bill
    C.   a tip
    D.   a telephone

38. What vehicles were involved in the accident?
    A.   a car and a truck
    B.   a bicycle and a car
    C.   a car and a bus
    D.   two buses

39. What happened to the driver of the bus?
    A.   He was speeding.
    B.   He lost control.
    C.   He was driving slowly.
    D.   He stopped suddenly.

40. How many persons died?
    A.   two persons
    B.   none
    C.   all the passengers
    D.   three persons

# PART TWO

## SECTION 2

*Reading Comprehension*

# GRADE 7

*Unit 1*
*Unit 2*

# UNIT 1

## I. VOCABULARY

This section tests **vocabulary**. Read the sentences carefully. Then choose the most appropriate answer. Blacken the corresponding letter on the answer sheet.

1. ¡ _____ a Jamaica!
   - A. Hola
   - B. Buenos dias
   - C. Qué alegría
   - D. Bienvenidos

2. Caracas es la capital de _____ .
   - A. Madrid
   - B. España
   - C. Venezuela
   - D. Trinidad

3. ¡Carmen, Sandra! _____ a Venezuela.
   - A. Bienvenidos
   - B. Bienvenida
   - C. Bienvenidas
   - D. Bienvenido

4. La capital de Costa Rica es _____ .
   - A. San José
   - B. Caracas
   - C. Bogotá
   - D. Madrid

5. Tengo _____ para comer. ¿No tienes hambre?
   - A. blusas
   - B. camisas
   - C. leche
   - D. arepas

6. El sombrero es muy _____ .
   - A. grande
   - B. bonita
   - C. largos
   - D. pequeñas

7. Diego Maradona es _____ .
   - A. cantante
   - B. escritor
   - C. futbolista
   - D. bailarina

8. Julio Iglesias es un buen _____ .
   - A. doctor
   - B. cantante
   - C. abogado
   - D. actor

9. ¡Hasta _____ !
   A. alegría
   B. rico
   C. pronto
   D. tal

10. El básquetbol es _____ .
    A. una novela
    B. un deporte
    C. un plato
    D. un avión

# UNIT 2

## II. GRAMMAR

This section tests **grammar**. Read the sentences carefully. Then choose the word that fits grammatically into the sentence. Blacken the corresponding letter on the answer sheet.

11. Su hermana _____ María.
    A. se llama
    B. me llamo
    C. te llamas
    D. se llaman

12. Pablo, ¿qué _____ ser?
    A. quiero
    B. soy
    C. quieres
    D. quieren

13. Carlos y Pablo son _____ .
    A. alto
    B. altos
    C. alta
    D. altas

14. A él _____ gusta el helado.
    A. les
    B. te
    C. le
    D. me

15. Las muñecas _____ en la tienda.
    A. está
    B. están
    C. estamos
    D. estás

16. Mi familia y yo _____ en Jamaica.
    A. vivimos
    B. vivo
    C. vive
    D. viven

17. Las casas _____ lindas.
    A. somos
    B. es
    C. son
    D. eres

18. Luis es mi _____ .
    A. hijas
    B. hermano
    C. padres
    D. hermana

19. Pedro es
    A. baja
    B. bajos
    C. bajo
    D. bajas

20. Ella es
    A. venezolana
    B. venezolanos
    C. venezolanas
    D. venezolano

## III. SHORT PARAGRAPHS

This section consists of **short paragraphs**. Choose the word that best completes the paragraphs. Then blacken the corresponding letter on the answer sheet.

Robert ___21___ un muchacho venezolano. Su hermana ___22___ en una oficina. A ella no ___23___ bailar.

___24___ cuatro dormitorios en la casa de Pablo. Él ___25___ en la calle Rosa número dos. Pablo ___26___ tres perritos y un pájaro.

21. A. es
    B. eres
    C. son
    D. soy

22. A. trabajamos
    B. trabajan
    C. trabajo
    D. trabaja

23. A. me gusta
    B. te gusta
    C. le gusta
    D. nos gusta

24. A. son
    B. hay
    C. están
    D. está

25. A. vivo
    B. vive
    C. vivimos
    D. viven

26. A. tengo
    B. tienen
    C. tiene
    D. tienen

¡Hola! Me llamo José Pacheco. Vivo en Colombia. ___27___ colombiano. Tengo quince años. Yo ___28___ a la escuela Escobar. María y yo ___29___ a la escuela ___30___ .

27.  A.  eres
     B.  soy
     C.  estoy
     D.  son

28.  A.  asistes
     B.  asisto
     C.  asisten
     D.  van

29.  A.  vamos
     B.  van
     C.  voy
     D.  vas

30.  A.  a pie
     B.  en avión
     C.  la noche
     D.  el día

## IV. PASSAGES

Read the following **passages**. Then answer the questions by choosing the most appropriate one from the four given. Blacken the corresponding letter on the answer sheet.

*La hermana de Antonio es Isabel. Isabel tiene seis años y Alfredo tiene diez años. Antonio tiene dieciocho años. Hoy es lunes. Son las tres de la tarde en el colegio que se llama Castilla. El colegio es muy grande. El miércoles, todos van al Museo de los Niños porque es muy interesante.*

31.  ¿Cómo es el colegio?
     A.  tarde
     B.  pequeño
     C.  grande
     D.  largo

32.  ¿Cuántos años tiene Antonio?
     A.  17 años
     B.  8 años
     C.  18 años
     D.  80 años

33.  ¿Qué día es?
     A.  miércoles
     B.  martes
     C.  domingo
     D.  lunes

*Hoy es miércoles, el tres de marzo. Enrique tiene una bolsa gris. En la bolsa de Enrique hay su camiseta amarilla, zapatos negros y pantalones verdes. No tiene calcetines. También hay un regalo. Es para Isabel. Hoy es su cumpleaños. Ella cumple once años. Es un día especial.*

34. ¿Qué día es?

   A. Es martes

   B. Es lunes

   C. Es miércoles

   D. Es marzo

35. ¿De qué color es la bolsa?

   A. gris

   B. azul

   C. roja

   D. negra

36. ¿Cuántas camisetas hay en la bolsa?

   A. una

   B. dos

   C. diez

   D. cuatro

37. ¿Para quién es el regalo?

   A. para Enrique

   B. para el hermano de Isabel

   C. para la hermana de Enrique

   D. para Isabel

38. ¿Por qué hay un regalo?

   A. porque es el 3 de marzo

   B. porque es un cumpleaños

   C. porque es martes

   D. porque es marzo

39. ¿Cuántas cosas hay en la bolsa?

   A. cinco

   B. cuatro

   C. cuarenta

   D. catorce

40. ¿Cuántos años cumple Isabel?

   A. 10 años

   B. 12 años

   C. 11 años

   D. 20 años

# GRADE 8

*Unit 1*

*Unit 2*

# UNIT 1

*I. VOCABULARY*

This section tests **vocabulary**. Read the sentences carefully. Then choose the most appropriate answer. Blacken the corresponding letter on the answer sheet.

1. Caracas es la capital de _____ .
   - A. Argentina
   - B. España
   - C. Chile
   - D. Venezuela

2. Ella tiene dos _____ .
   - A. novelas
   - B. libro
   - C. goma
   - D. caramelo

3. Maria está comiendo su _____ .
   - A. desayuno
   - B. papel
   - C. zapato
   - D. teléfono

4. Barcelona está en _____ .
   - A. España
   - B. Chile
   - C. Colombia
   - D. Costa Rica

5. El 30 de noviembre es el _____ de Andrés.
   - A. cumpleaños
   - B. Santo
   - C. fiesta
   - D. regalo

6. En el verano _____ .
   - A. hace calor
   - B. hace viento
   - C. está lloviendo
   - D. hace frío

7. Yo compro _____ en una zapatería.
   - A. caramelos
   - B. periódicos
   - C. arepas
   - D. zapatos

8. El padre de mi padre es mi _____ .
   - A. abuela
   - B. hijo
   - C. abuelo
   - D. tía

9. El merengue es un _____ .
   - A. comida
   - B. baile
   - C. novela
   - D. canción

10. Me gusta comer _____ .
   - A. papel
   - B. bolsos
   - C. reglas
   - D. helado

72

# UNIT 2

*II. GRAMMAR*

This section tests **grammar**.  Read the sentences carefully.  Then choose the word that fits grammatically into each sentence.  Blacken the corresponding letter on the answer sheet.

11. Usted _____ un alumno inteligente.
    - A.  está
    - B.  eres
    - C.  es
    - D.  son

12. El niño _____ a la escuela.
    - A.  van
    - B.  voy
    - C.  va
    - D.  vamos

13. María y Jaime _____ en un sillón muy grande.
    - A.  están cociendo
    - B.  estoy bebiendo
    - C.  está sentado
    - D.  están sentados

14. Voy a _____ ahora.
    - A.  bebe
    - B.  comprarlo
    - C.  lo compro
    - D.  la compra

15. Don José _____ novelas.
    - A.  escriben
    - B.  leen
    - C.  escribe
    - D.  compramos

16. _____ calor.
    - A.  Hace
    - B.  Es
    - C.  Está
    - D.  Hacen

17. Esa casa es _____ .
    - A.  mío
    - B.  la suya
    - C.  mía
    - D.  el suyo

18. Las casas son más _____ que los coches.
    - A.  pequeño
    - B.  grandes
    - C.  alta
    - D.  bonito

19. Hoy es el _____ de abril.
    - A.  primo
    - B.  primero
    - C.  primer
    - D.  primera

20. Me _____ la cabeza.
    - A.  duele
    - B.  duelen
    - C.  duelo
    - D.  doler

This section consists of **short paragraphs**. Choose the word that best completes the paragraph. Then blacken the corresponding letter on the answer sheet.

Carmen es _____21_____ Sandra. Ella _____22_____ simpática también. Ahora ella _____23_____ porque hace sol. Ella quiere _____24_____ .

21.　A.　más bonito que
　　　B.　más bonita que
　　　C.　más hermoso que
　　　D.　más lindo que

22.　A.　eres
　　　B.　está
　　　C.　son
　　　D.　es

23.　A.　tiene sed
　　　B.　está triste
　　　C.　tiene frío
　　　D.　tiene hambre

24.　A.　una comida
　　　B.　una limonada
　　　C.　un taco
　　　D.　una empanada

A María y a mí _____25_____ ir a la escuela los lunes, pero nuestro padre _____26_____ temprano _____27_____ temprano a su oficina.

25.　A.　no nos gusta
　　　B.　pueden
　　　C.　puedo
　　　D.　no te gusta

26.　A.　se levanta
　　　B.　te levantas
　　　C.　me levanto
　　　D.　nos levantamos

27.　A.　para salir
　　　B.　para cerrar
　　　C.　para llegar
　　　D.　para dormir

Cuando yo _____28_____ a casa, mi mamá _____29_____ la comida.  Mi hermanita Carmen _____30_____ en su cama.

28. A. llego
    B. llegas
    C. llegar
    D. llega

29. A. está cosiendo
    B. está sentado
    C. está cociendo
    D. está sentada

30. A. es
    B. está
    C. son
    D. están

## IV. PASSAGES AND ADVERTISEMENTS

Read the following passages and advertisements.  Then answer the questions by choosing the most appropriate one from the four given.  Blacken the corresponding letter on the answer sheet.

*José es aficionado al fútbol.  Le gusta mucho.  Esta mañana no tiene clase porque es sábado, y está escuchando la radio, porque hay un partido de fútbol entre España y la Argentina.  Los dos equipos están jugando por la Copa Mundial.  Todo el estadio es de color azul y blanco, los colores del equipo argentino.  ¡Gol! ¡Gol! para la Argentina.  Es el final del primer tiempo y la Argentina tiene un gol, España cero.  ¡Qué animación!*

31. ¿Por qué no tiene clase José?
    A. es domingo
    B. es sábado
    C. es martes
    D. es viernes

32. ¿Qué hay por la radio?
    A. un programa de música
    B. un partido de fútbol
    C. un equipo de fútbol
    D. un concierto

33. ¿Cuál equipo prefiere José?
    A. de Brasilia
    B. de España
    C. de la Argentina
    D. de México

34. ¿Cuáles son los colores de la bandera de la Argentina?
    A. blanco y negro
    B. azul y blanca
    C. azul y roja
    D. verde y azul

```
┌─────────────────────────────────┐
│      PIANOS.  Rincón Musical     │
│      Nuevos, usados.  3195914    │
└─────────────────────────────────┘
```

35.  ¿Para qué son los pianos?

    A.   para comer

    B.   para tocar

    C.   para jugar

    D.   para escribir

36.  Los pianos son _____ .

    A.   instrumentos musicales

    B.   instrumentales

    C.   músicos

    D.   música

```
┌────────────────────────────────────────────────────┐
│  ALICANTE.  Vendo chalet frente Bahía, preciosas    │
│  vistas. 350 metros edificados, calefacción, dos    │
│  pisos, garaje dos coches, cuatro baños, seis        │
│  habitaciones, salón, terraza cubierta.  80 metros,  │
│  parcela 1.400 metros.  929615955.                   │
└────────────────────────────────────────────────────┘
```

37.  ¿Qué vende la persona?

    A.   una casita

    B.   un coche

    C.   un libro

    D.   una mesa

39.  ¿Cuántos baños hay?

    A.   14

    B.   40

    C.   6

    D.   4

38.  Hay un garaje _____ .

    A.   doble

    B.   triple

    C.   para mucho coches

    D.   muy grande

40.  ¿Cuántas salas hay?

    A.   una

    B.   dos

    C.   seis

    D.   cuatro

# GRADE 9

*Unit 1*
*Unit 2*

# UNIT 1

This section tests **vocabulary**. Read the sentences carefully. Then choose the most appropriate answer. Blacken the corresponding letter on the answer sheet.

1. El catorce de febrero es el_____ .
   - A.  Año Nuevo
   - B.  Día de los Reyes
   - C.  Navidad
   - D.  Día de San Valentín

2. Uno de los periódicos de España es el _____ .
   - A.  ABC
   - B.  NACIONAL
   - C.  EXCELSIOR
   - D.  RENFE

3. La cama está en _____ .
   - A.  la cocina
   - B.  la sala
   - C.  el comedor
   - D.  el dormitorio

4. Voy al _____ . Estrena una película muy buena.
   - A.  teatro
   - B.  cine
   - C.  escuela
   - D.  tienda

5. Alguien llama a la puerta y el señor dice, _____ !
   - A.  Véte
   - B.  Venga
   - C.  Adelante
   - D.  Vaya

6. Se murió la anciana. ¡ _____ !
   - A.  Qué bueno
   - B.  Qué horror
   - C.  Qué bien
   - D.  Qué tristeza

7. Hay dos _____ en la casa de los García.
   - A.  televisión
   - B.  televisores
   - C.  radio
   - D.  balcón

8. México es un _____ donde se habla español.
   - A.  montaña
   - B.  país
   - C.  isla
   - D.  pueblo

9. Me gusta escuchar los discos de Julio Iglesias. Es un _____ muy bueno.
   - A.  musical
   - B.  canción
   - C.  cantante
   - D.  instrumento

10. Manuel no está casado. Él es _____ .
    - A.  soltera
    - B.  viudo
    - C.  soltero
    - D.  casada

# UNIT 2

*II. GRAMMAR*

This section tests **grammar**. Read the sentences carefully. Then choose the word that fits grammatically into each sentence.

11. Los hombres _____ comprado un coche nuevo.
    A. han
    B. ha
    C. está
    D. hemos

12. Peter _____ mira a Marsha y a Sylvia.
    A. le
    B. las
    C. la
    D. los

13. Ella _____ ha visto a él.
    A. la
    B. las
    C. les
    D. le

14. Tengo sueño. Voy a _____ .
    A. bailas
    B. comer
    C. dormir
    D. cantado

15. Enrique acaba de _____ una carta.
    A. escribo
    B. escriben
    C. escribir
    D. bailar

16. ¿Has _____ a Elena?
    A. visto
    B. hecho
    C. hace
    D. roto.

17. _____ chico es travieso.
    A. Ese
    B. Aquello
    C. Esa
    D. Ése

18. Ayer yo _____ al museo.
    A. fue
    B. vamos
    C. voy
    D. fui

19. El año pasado yo le _____ .
    A. vio
    B. conocí
    C. supe
    D. conoció

20. La familia García _____ tres meses en Venezuela.
    A. gusto
    B. pasó
    C. pasan
    D. fueron

This section consists of **short paragraphs**. Choose the word that best completes each paragraph. Then blacken the corresponding letter on the answer sheet.

Me _____ 21 _____ la comida española. Mi hermano _____ 22 _____ la paella pero a mí me gusta _____ 23 _____ la tortilla de patatas.

21. A. gusta
    B. gustan
    C. gustar
    D. gusto

22. A. prefiero
    B. prefieren
    C. prefiere
    D. preferir

23. A. como
    B. comiendo
    C. comer
    D. comes

Puerto Rico es _____ 24 _____ muy bonita. Está en _____ 25 _____. Tiene un clima _____ 26 _____ como otras islas. El idioma oficial es _____ 27 _____ pero también _____ 28 _____ inglés. Muchos _____ 29 _____ van a Puerto Rico porque allí es muy _____ 30 _____.

24. A. una isla
    B. un pueblo
    C. una ciudad
    D. un pais

25. A. en Sud América
    B. en Norte América
    C. en el Caribe
    D. en América Central

26. A. frío
    B. tropical
    C. desagradable
    D. malo

27. A. el francés
    B. el español
    C. el italiano
    D. el latín

28. A. hablamos
    B. se habla
    C. hablando
    D. no hablan

29. A. niños
    B. hombres
    C. gente
    D. turistas

30. A. agradable
    B. malo
    C. calor
    D. simpática

Read the following passages and advertisements. Then answer the questions by choosing the most appropriate one from the four given. Blacken the corresponding letter on the answer sheet.

*El señor García es negociante. Vive en Barcelona pero viaja mucho para hacer sus negocios. Él siempre viaja en avión. La semana pasada el señor fue a Madrid. Él llegó al aeropuerto de Barajas a las once porque el avión iba a partir a las dos. Desgraciadamente el vuelo estaba retrasado y el señor no salió hasta las tres de la tarde. ¡Qué pena!*

31. ¿Cómo gana la vida el señor?

    A.  hace negocios

    B.  trabaja en una oficina

    C.  es doctor

    D.  es viajero

32. ¿Cómo viaja él?

    A.  en coche

    B.  anda

    C.  toma un avión

    D.  en autobús

33. ¿Por qué partió a las tres?

    A.  porque hace calor

    B.  cancelan el vuelo

    C.  el avión no funciona

    D.  no hay aviones

34. ¿Dónde vive el señor?

    A.  en Jamaica

    B.  en España

    C.  en Italia

    D.  en Barbados

---

**LINDA VISTA CASA**
duplex, 4 dormitorios, servicios.
teléfono. Natal 550.
754 - 50 - 51

---

35. ¿Qué tipo de casa es?

    A.  de dos pisos

    B.  una casa doble

    C.  de cuatro pisos

    D.  bonita

36. Los servicios son _____.

    A.  baños

    B.  comedores

    C.  lavatorios

    D.  cocinas

DEL VALLE Departamento
dos pisos, casa
75.000.000,00 pesos.
Telf:-  530 - 59 - 59
543 - 28 - 31

37.  ¿Cuánto cuesta la casa?

    A.   sesenta y cinco mil pesos

    B.   setenta y cinco millones

    C.   setenta mil pesos

    D.   mil setenta y cinco pesos

38.  ¿Cómo puede obtener más información?

    A.   llamar

    B.   escribir

    C.   comprar

    D.   hablar

CRISTO REY, cinco
dormitorios, tres baños,
garaje 48.500.000
4350222.

39.  ¿Cuántos dormitorios y baños hay?

    A.   ocho

    B.   siete

    C.   dos

    D.   seis

40.  El garaje es para _____ .

    A.   dos coches

    B.   muchos coches

    C.   un coche

    D.   nada